从汉字到大语文

主编：陈瑞

第六册

文化发展出版社
Cultural Development Press
中国·北京

目录

九十二

很像桃花的颜色

hóng

红

基本汉字中的第 92 个字

紅 紅 红

篆书 隶书 楷书

红读作 hóng，繁体写作紅，本义是粉红色的丝织品，这个意义现在已经不再使用了。泛指粉红色。古人认为粉红色这种颜色不庄重，所以正式场合都不穿粉红色的服装。

后来指大红、像鲜血一样的颜色，如红叶、红润、红颜自古多薄命。“白毛浮绿水，红掌拨清波”（唐·骆宾王《咏鹅》），描写了鹅的神态之美，表达了诗人对鹅的喜爱之情。

红也可以指代花，如绿肥红瘦。“晓看红湿处，花重锦官城”（唐·杜甫《春夜喜雨》），这里的“红”指代各种各样的花。

春日

［宋］朱熹（xī）

胜日寻芳泗水滨，无边光景一时新。
等闲识得东风面，万紫千红总是春。

博士喵赏古诗

【译文】诗人趁着天气晴朗去泗（sì）水边赏景；无边无际的景色焕然一新，处处春意盎然。不经意间便能领略到春风的面貌；因为春风吹过，繁花盛开，万紫千红，到处都是春色一片。

词语园

红

红色的领巾，代表红旗的一角，少年先锋队员的标志。特指少先队员。

hóng lǐng jīn
红领巾

化妆品，用来涂在嘴唇上使颜色红润。

kǒu hóng
口红

土地革命战争时期中国共产党领导下的革命军队，全称中国工农红军。

hóng jūn
红军

儿童用毛笔在红模子上描着写字。

miáo hóng
描红

liǎn hóng
脸红

脸变红，指害臊或难为情。

包着礼金或奖金的红纸包。

hóng bāo
红包

fěn hóng
粉红

红和白合成的颜色。

hóng huo
红火

形容旺盛或热闹。

hóng sè
红色

红的颜色。

huǒ hóng
火红

像火一样的红颜色。

hóng qí
红旗

红色的旗子，是无产阶级革命的象征。

xiān hóng
鲜红

鲜明的红色。

dà hóng
大红

很红的颜色。

zǐ hóng
紫红

深红中略带紫的颜色。

xuè hóng
血红

鲜红。

chà zǐ yān hóng
姹紫嫣红
指各种颜色艳丽的花朵。

hóng nán lǜ nǚ
红男绿女
指衣饰艳丽的男女。

miàn hóng ěr chì
面红耳赤
脸和耳朵都红了。形容情绪激动、用力或羞愧时的样子。

hóng bái xǐ shì
红白喜事
男女结婚是喜事，高寿的人病逝叫喜丧，统称红白喜事。

wàn zǐ qiān hóng
万紫千红
形容百花齐放，艳丽多姿。也比喻事物丰富多彩，繁荣兴盛。

pī hóng guà cǎi
披红挂彩
把红绸和彩帛披在身上。

qīng hóng zào bái
青红皂白
指事情的缘由结果或是非曲直。

dēng hóng jiǔ lǜ
灯红酒绿
形容夜饮欢宴的景象。特指奢靡腐化的生活。

博士喵讲故事

“红勒帛”是一个典故，与北宋文学家欧阳修有关。当时一些文人写文章时，喜欢用典故，一般人很难读懂。刘几就是其中之一。欧阳修非常讨厌这种风气。

有一次，欧阳修当主考官，正巧刘几前来应试。刘几文章里面的文字非常怪僻，好多地方欧阳修都要看几遍才能理解，于是欧阳修在刘几的文章后面添了“秀才刺，试官刷”两句话，不予录取。欧阳修这样做还觉得不解气，又把这篇文章用红笔从头画到尾，就像用一条红绸带把文章里的字全都拦腰捆起来似的。后来，欧阳修批改刘几试卷这件事轰动了整个京城，许多人围在刘几的文章前观看。人们看后都捧腹大笑，认为红笔打上去的大横杠，就像一条红勒帛一样。

“红勒帛”原指用红丝绸做的腰带，后指用红笔涂改文章。

九十三

字像妇女生孩子
後后合并在一起

hòu

后

基本汉字中的第 93 个字

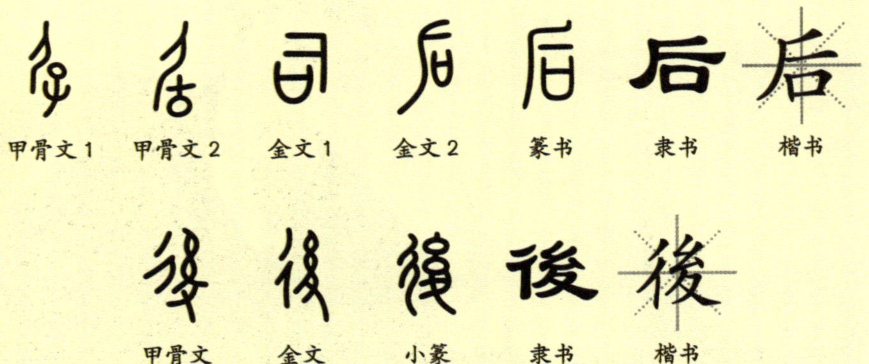

后读作 hòu。甲骨文是一个会意字，由“人”和“子”构成，像妇女生孩子的形状，表示生育。本义是妇女生孩子。后用来指君王，如三后（大禹、商汤、周文王）。“其南陵，夏后皋之墓也”（《左传·僖公三十二年》）。引申指诸侯，如后羿。常用作帝王的妻子，如皇后、后妃、太后（帝王的母亲）。“朕亲耕，后亲桑”（《汉书·景帝纪》），说的是汉景帝亲自耕作，皇后亲自采桑喂蚕。

後读作 hòu，本义是落（là）在后面，简化为“后”，如争先恐后、不甘人后。

引申为位置或次序在后，与“前”相对，如后面、瞻前顾后、车前马后。“先天下之忧而忧，后天下之乐而乐”（宋·范仲淹《岳阳楼记》），意思是在天下百姓忧愁前忧愁，在天下百姓快乐后快乐，反映了作者忧国忧民、关心社稷（jì）的爱国之情。

也指时间较晚的，与“先”“前”相对，如后天、事后诸葛亮。“前不见古人，后不见来者”（唐·陈子昂《登幽州台歌》），表现了诗人怀才不遇而发出慷慨悲壮的叹息。

后用作名词，代指子孙，如后辈、名门之后。“不孝有三，无后为大”（《孟子·离娄上》），在古代，没有后代是诸多不孝中最大的不孝顺。

山居秋暝（míng）

［唐］王维

空山新雨后，天气晚来秋。
明月松间照，清泉石上流。
竹喧归浣（huàn）女，莲动下渔舟。
随意春芳歇，王孙自可留。

【作者】王维，字摩诘（jié）。九岁开始写诗，有“神童”之誉。他是盛唐山水田园诗派的代表诗人。擅长书法、绘画和音乐，精通佛理，人们称他的作品“诗中有画，画中有诗”。

【译文】空寂的山林刚下过一场雨，夜晚降临好像秋天来了。明月从松树间透过，洒下皎（jiǎo）洁的月光；清澈的泉水从山石上流过，发出悦耳的淙（cóng）淙声。竹林中传来欢声笑语，那是洗衣服的姑娘们回来了；莲叶轻轻摆动，那是渔船在上游划了下来。任凭春天的花草消散吧！我自己可以居住在这美丽的秋山中。

【鉴赏】这首诗是山水诗的名篇，描写了暮雨初晴后山村的美景和山村百姓的朴实生活，以自然之美展现人格之美和理想中的社会之美，抒发了诗人对田园生活的喜爱和满足之情。

诗的前三联写景，把雨后的山林秋景描绘得清新秀丽、有声有色。首联概括点出时间、地点，颔联借明月、松林、清泉、山石几个意象，描绘出一幅恬静优美的山水画卷。颈联写人物出现，交代了“空山”其实并不空，只是山林茂密，掩盖了人的踪迹。傍晚来临，归来的浣女和渔舟代表着生活在这里的勤劳人民，一幅淳朴美好的生活画卷展现在读者眼前。尾联抒情，“王孙”在这里指作者自己，诗人在诗情画意中寄托了自己高洁的情怀和对理想的追求，表达了自己对闲适安逸的隐居生活的向往和喜爱之情，也从侧面衬托出诗人对污浊官场的厌恶。

词语园

后

hòu miàn
后面
空间或位置靠后的部分。也指次序靠后的部分。

zuì hòu
最后
在时间上或次序上在所有别的之后。

qián hòu
前后
（时间）从开始到末了。

luò hòu
落后
行进或工作时落在同伴的后面。

bèi hòu
背后
后面。

wǔ hòu
午后
下午。

rì hòu
日后
将来。

jīn hòu
今后
从今以后。

huáng hòu
皇后
皇帝的妻子。

guò hòu
过后
往后；以后。

yǐ hòu
以后
现在或所说某时之后的一段时间。

hòu tuì
后退
向后退；退到（后面的地方、以往的发展阶段）。

hòu tiān
后天
明天的明天。

hòu nián
后年
明年的明年。

hòu huǐ
后悔
事后懊悔。

hòu guǒ
后果
最后的结果。

hòu lái
后来
后到的；后成长起来的。

hòu dài
后代
某一时代以后的时代。也指后代的人。

“后悔”这个词语与汉高祖刘邦有关。

西汉初年，汉高祖刚刚平息了淮南王黥（qíng）布的叛乱，燕（yān）王卢绾（wǎn）又造反了。汉高祖在征讨黥布时受了箭伤，病情非常严重，没有办法亲自率军征讨，于是下令让樊哙（fán kuài）率军前去平定叛乱。可是有人在汉高祖面前造谣说樊哙要谋反，汉高祖于是派绛（jiàng）侯周勃接替了樊哙的职位，让陈平取樊哙的首级。周勃和陈平认为樊哙不仅是西汉的开国功臣，有功于汉，而且还是吕后妹妹的丈夫，是皇亲国戚。担心杀死樊哙后，汉高祖会后悔，于是私下把樊哙囚禁起来。汉高祖死后，吕后赦免了樊哙。

“后悔”指事后懊悔。

博士喵
讲故事

九十四

点缀草木读作 huā

huā

花

基本汉字中的第 94 个字

篆书　　隶书　　楷书

花读作huā，本义是花朵，如荷花、鲜花、鸟语花香、花好月圆。“解落三秋叶，能开二月花”（唐·李峤《风》），生动地描写了风的功能：秋天能够吹下落叶，春天能够让百花绽放。“人闲桂花落，夜静春山空”（唐·王维《鸟鸣涧》）形象地描写了秋夜山涧寂静美丽的景色。

泛指能够开花的植物，如花卉、种花、移花接木。“茅檐长扫净无苔，花木成畦手自栽”（宋·王安石《书湖阴先生壁》），赞美了湖阴先生家清幽的庭院环境。

赠汪伦

［唐］李白

李白乘舟将欲行，忽闻岸上踏歌声。
桃花潭水深千尺，不及汪伦送我情。

博士喵 赏古诗

【译文】李白乘着小船即将离开，忽然听到岸上和（hè）着节拍的歌声。桃花潭的水深达数千尺，也不及汪伦送别我的情谊深啊。

把○中的字填上，并说一说加拼音词的意思。

❶ 生出花朵；花蕾开放。

❷ 花和草；特指供观赏的花和草。

❸ 长野草或铺草皮的地方。

❹ 为了解情况而细看。

❺ 看到。

❻ （说话、作文）内容的次序。

❼ 事物排列的先后。

❽ 物体显出的样子。

❾ 今年的前一年。

答案：花、草、地、洞、看、见、层、次、队、形、度、去、年

词语园

花

huā quān
花圈
用鲜花或纸花等扎成环状的祭奠物品。

jú huā
菊花
草本植物，秋季开花。品种很多，颜色、形状和大小变化很大，是观赏植物。

huā bái
花白
（须发）黑白混杂。

mián huā
棉花
棉桃中的纤维，用来纺纱、絮衣服被褥等。

huā cǎo
花草
供观赏的花和草。

táo huā
桃花
桃树开的花朵。

huā cóng
花丛
丛生的花。

xuě huā
雪花
空中飘下的形状像花的雪。

huā duǒ
花朵
花；成朵的花。

huā shēng
花生
落花生。

hé huā
荷花
莲的花。

huā píng
花瓶
插花用的瓶子。

méi huā
梅花
梅树的花。

huā mù
花木
指供观赏的花和树木。

làng huā
浪花
波浪激起的四溅的水。

huā tán
花坛
种植花卉的土台子，四周有矮墙。

kāi huā
开花
生出花朵；花蕾开放。

huā yuán
花园
种植花木供游玩休息的场所。

花园真热闹

花园（小篆）里百花盛开，小蜜蜂（古文字）在采（）花蜜，小青蛙（）在呱呱叫，小蜗（）牛在搬家，小蜘蛛在织网（）。

“走马观花”说的是唐代诗人孟郊的故事。

孟郊勤奋好学，才华出众，一辈子仕途却不顺利，多次应考进士都落榜了。直到唐德宗贞元十二年（796），他才考中进士，这时已经 45 岁了。中榜后，孟郊穿上礼服，扎上红花，骑着大马，在长安城里尽情游览。京城的美景使他赞叹不已，高中进士的喜悦又使他万分得意，于是便作诗《登科后》：“春风得意马蹄疾，一日看尽长安花。”抒发了登第后得意、愉快、喜悦、轻松的心情。

“走马观花”原指骑着快马欣赏美好的春光。后比喻观察事物或了解情况不深入细致。

九十五

手拿毛笔分界线

huà

画

基本汉字中的第 95 个字

画读作huà，繁体写作畫。甲骨文的上部是一只右手，手的左边是一支笔，下边的两条曲线是描画的图形，本义是划分界线。

后比喻绘画、作图，如画图、画地为牢、画饼充饥。“大夫布侯，画以虎豹。士布侯，画以鹿豕”（《仪礼·乡射礼》），“老妻画纸为棋局，稚子敲针作钓钩”（唐·杜甫《江村》），形象地描写了一家老少其乐融融的欢乐景象。

画用作名词，也指图画、画出的图形，如国画、壁画、山水画、诗情画意。“江城如画里，山晚望晴空”（唐·李白《秋登宣城谢朓北楼》），诗人开门见山，描绘了江边城池的景色像画一样美丽。“江山如画”（宋·苏轼《念奴娇·赤壁怀古》），词人通过“江山如画，一时多少豪杰”总结上片对景色的描绘，引起下片对三国人物周瑜、诸葛亮的赞美之情。

“画屏”是一种装饰的家具，就是上面有绘画的屏风。如“画屏绣步障，物物自成双”（唐·刘禹锡《柳枝五首》），“银烛秋光冷画屏，轻罗小扇扑流萤”（唐·杜牧《秋夕》），与这种结构相同的词语还有“画壁”“画舫”“画堂”“画烛”“画船”“画角”等。

说一说加拼音成语的意思。

画饼充饥(huà bǐng chōng jī)❶→饥寒交迫(jī hán jiāo pò)❷→迫不及待(pò bù jí dài)❸→待字闺中→中正无私→私心杂念→念念不忘(niàn niàn bú wàng)❹→忘恩负义(wàng ēn fù yì)❺→义不容辞(yì bù róng cí)❻→辞微旨远→远交近攻→攻城略地→地大物博(dì dà wù bó)❼→博大精深→深入浅出(shēn rù qiǎn chū)❽→出口伤人→人杰地灵

❶ 画个饼来解饿。用空想来自我安慰。

❷ 饥饿与寒冷一起袭来。形容无吃无穿，生活极度贫困。

❸ 紧急得不能再等待。形容心情急切。

❹ 形容老是思念着，时刻也不忘记。

❺ 忘记了别人对自己的恩德，辜负了别人对自己的情义。

❻ 指顾全道义而不推辞。

❼ 指国家的疆土辽阔，资源丰富。

❽ 阐述的道理很深刻，而使用的语言却浅显易懂。

画画

好娃娃，爱画画，

画个瓜，画朵花，画只虎，画匹马。

虎踩瓜，马踏花，瓜打虎，花骂马。

娃娃画画顶呱呱，挂上画儿笑哈哈。

训练目的：韵母 a

博士喵讲故事

古代楚国有个贵族，举行完祭祀后，把一壶祭酒赏给了门客。酒太少不够门客分，于是，他们约定在地上举行画蛇比赛，谁先画好蛇，就让谁喝这壶酒。其中一个人最先把蛇画好，他举起酒壶正要喝时，看到别人还没有画完，便左手拿着酒壶，右手准备给蛇画上几只足。可是还没有等他把蛇足画完，另一个人已把蛇画成了。那个人把酒壶抢了过去，说：“蛇本来是没有足的，你怎么能给它添足呢？”接着便把酒喝了。

“画蛇添足”比喻多此一举，弄巧成拙。

九十六

张口动舌出言语

huà

话

基本汉字中的第 96 个字

譮 話 话

篆书 隶书 楷书

话读作 huà，繁体写作話，本义指交谈，谈论，当动词用，如会话、对话、茶话会。“开轩面场圃，把酒话桑麻”（唐·孟浩然《过故人庄》），诗人用轻松的笔调，描写了他到农家好友家里，打开窗户，面对着打谷场和菜园，一边举杯畅饮，一边谈论庄稼的好坏。

话用作名词，指说出来的言语，如谈话、普通话。“话言未及竟，涕泪各盈巾”（元·刘基《门有车马客行》），说的是分别之际，道别的话儿还没有说完，流下的眼泪各自湿透了手巾，由此表现了两人之间深厚的友谊。

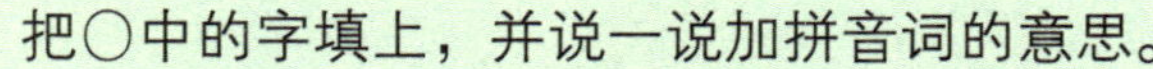

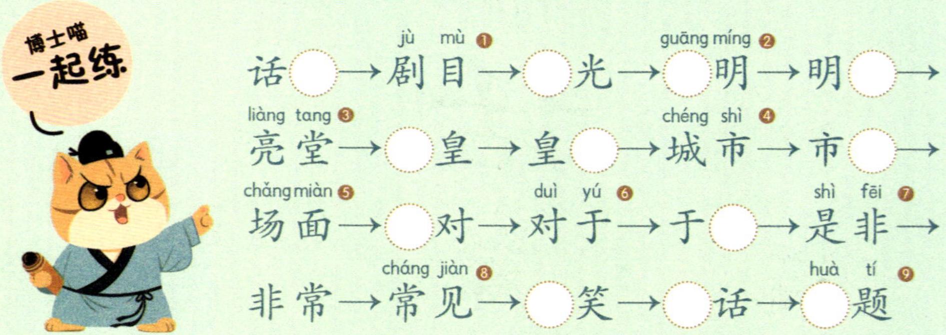

1. 戏剧的名称。
2. 亮光。
3. 光明；明亮。
4. 人口集中、工商业发达、居民以非农业人口为主的地区。
5. 戏剧、电影中由布景、音乐和登场人物组合成的景况。
6. 介词，引进对象或事物的关系者。
7. 事理的正确和错误。
8. 经常见到的。
9. 谈话的中心，讨论的内容。

答案：剧、目、光、亮、堂、城、场、面、是、见、笑、话利用电流使两地的人互相交谈的装置。

diàn huà
电话

用对话和动作来表演的戏剧。

huà jù
话剧

关于神仙或神化的古代英雄的故事。

shén huà
神话

电话的使用费。

huà fèi
话费

听从长辈或领导的话；听从使唤。

tīng huà
听话

麦克风；传声器的统称。

huà tǒng
话筒

词语园

话

用语言表达意思。

shuō huà
说话

shí huà
实话

真实的话。

xiào hua
笑话

能引人发笑的谈话或故事；开玩笑的话。

duì huà
对话

指两方或几方之间的接触或谈判。

jiǎng huà
讲话

用语言表达意见；发言。

tóng huà
童话

儿童文学的一种体裁，通过丰富的想象、幻想和夸张来编写适合于儿童欣赏的故事。

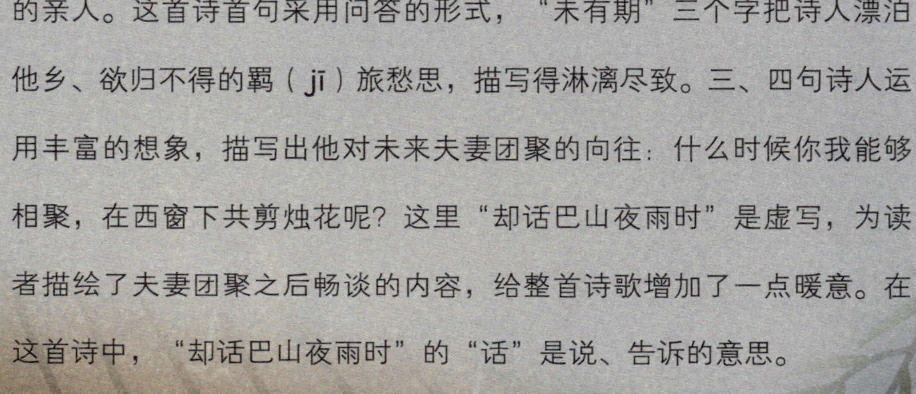

李商隐是晚唐著名诗人，他的诗构思新颖，优美动人，《夜雨寄北》是他的代表作。“君问归期未有期，巴山夜雨涨秋池。何当共剪西窗烛，却话巴山夜雨时。”当时诗人滞留巴蜀一带，无时无刻不在思念远在长安的亲人。这首诗首句采用问答的形式，“未有期”三个字把诗人漂泊他乡、欲归不得的羁（jī）旅愁思，描写得淋漓尽致。三、四句诗人运用丰富的想象，描写出他对未来夫妻团聚的向往：什么时候你我能够相聚，在西窗下共剪烛花呢？这里“却话巴山夜雨时”是虚写，为读者描绘了夫妻团聚之后畅谈的内容，给整首诗歌增加了一点暖意。在这首诗中，“却话巴山夜雨时”的“话”是说、告诉的意思。

九十七

回到原来的地方

huán/hái

基本汉字中的第 97 个字

甲骨文

金文

篆书

隶书

楷书

还读作 huán，繁体写作還，本义是返回原来的地方，如还家、告老还乡。“便要还家”（晋·陶渊明《桃花源记》）就是邀请客人回家。“白日放歌须纵酒，青春作伴好还乡”（唐·杜甫《闻官军收河南河北》），意思是说：白天我要放声高歌尽情痛饮，这大好春光就要陪伴我回到久别的故乡。“春风又绿江南岸，明月何时照我还”（宋·王安石《泊船瓜洲》），表达了诗人思念家乡、盼望回归家园的情感。

还用作副词，因为事物还原后就会保持原来的样子，所以“还”包含有依然、仍然的意思，读作 hái，如这本书还在看；春天来了，天气还那么冷。“千磨万击还坚劲，任尔东西南北风”〔清·郑燮（xiè）《竹石》〕。

画

［唐］王维

远看山有色，近听水无声。

春去花还在，人来鸟不惊。

博士喵赏古诗

【译文】远远看去，山是有颜色的；走近了却没有听到流水的声音。春天已经过去了，花儿依然在盛开；即使有人来到这里，鸟儿也不会飞走。

还可以表示重复，相当于再、又，如“待到重阳日，还来就菊花”（唐·孟浩然《过故人庄》），“天生我材必有用，千金散尽还复来”（唐·李白《将进酒》），以上诗句中的“还”都当再、又讲。

说一说加拼音成语的意思。

借尸还魂→魂不守舍（hún bù shǒu shè）①→舍己为人（shě jǐ wéi rén）②→

人山人海（rén shān rén hǎi）③→海阔天空（hǎi kuò tiān kōng）④→空前绝后（kōng qián jué hòu）⑤→

后来居上→上下一心→心想事成→

成功在望→望眼欲穿（wàng yǎn yù chuān）⑥→穿云裂石→

石破天惊→惊天动地（jīng tiān dòng dì）⑦→地北天南（dì běi tiān nán）⑧→

南柯一梦

① 灵魂不在人的身上了。形容神志不清或心神不稳定。

② 放弃个人利益去帮助别人。

③ 形容人聚集得非常多。

④ 大海辽阔，天空空旷。比喻言谈漫无边际。

⑤ 以前没有，以后也不会有。形容非常杰出，独一无二。

⑥ 指眼睛都要望穿了。形容盼望殷切。

⑦ 声音特别响亮。形容声势浩大。

⑧ 形容相隔遥远。

博士喵讲故事

“买椟还珠”是一个成语故事。

春秋战国时期，有个楚国人在郑国市场上卖珠宝。为了能让珠宝卖个好价钱，他用名贵的木料做了一个精美的盒子，又用香草把盒子熏得香香的，还在盒子上点缀了珠玉，装饰着玫瑰，用美丽的羽毛给盒子编织了套子。到了市场后，这个盒子立刻吸引了人们的目光，很多人围上来欣赏，赞叹不已。一个郑国人对这个盒子更是爱不释手，于是出高价把它买了下来。这个郑国人拿着盒子往家走，没走几步又返了回来，他把盒子里的珍珠取出来交给楚国人，说：“您的珍珠忘在盒子里了。”于是郑国人留下珍珠，拿着盒子走了。

买了匣子，归还了里面的珍珠。比喻没有眼光，取舍不当。

九十八

绕着一个轴转动

huí

回

基本汉字中的第 98 个字

回是一个象形字，读作 huí。甲骨文和金文像一个水流中的旋涡的样子，本义为旋涡，现在这个意义已经由加了表示意义符号“氵（ ）”的“洄”字来表示。泛指旋转、环绕，如回廊、巡回、回形针。“山回路转不见君，雪上空留马行处”（唐 · 岑参《白雪歌送武判官归京》），诗人用平淡的语言，描写了送别的场面，表现了将士们对战友的真情厚谊。

从旋转这个意思可以引申出掉转、掉头，如回头、回报、回马枪。“败家子回头——金不换”是一句歇后语，说的是改邪归正的重要性。“回看射雕处，千里暮云平”（唐 · 王维《观猎》），“手把文书口称敕，回车叱牛牵向北”（唐 · 白居易《卖炭翁》），“蓦然回首，那人却在，灯火阑（lán）珊处”（宋 · 辛弃疾《青玉案 · 元夕》），以上诗词中的“回”都当掉转讲。

回可以引申指返回、回到原来的地方，如回家、返回、有去无回、起死回生。“少小离家老大回，乡音无改鬓毛衰”（唐 · 贺知章《回乡偶书二首》其一），“醉卧沙场君莫笑，古来征战几人回”（唐 · 王翰《凉州词》），以上诗句中的“回”都当返回讲。

章回小说的故事情节一般是曲折的，所以“回”也可以指说书的一个段落，或章回小说的一章，如且听下回分解。

送安惇（dūn）秀才失解西归（节选）

［宋］苏轼

旧书不厌百回读，熟读深思子自知。
他年名宦恐不免，今日栖迟那可追。

【译文】读过的书籍要一遍一遍地去诵读，深思熟读之后，你就会明白其中的含义。以后你一定会成为一名大官的，不要介意今天的失意潦倒。

fēng huí lù zhuǎn
峰回路转
形容山峰、道路迂回曲折。也比喻经过挫折后出现转机。

bù kān huí shǒu
不堪回首
回忆起来就感伤痛苦，难以忍受。

huí cháng dàng qì
回肠荡气
使心气荡漾，使情绪回转。形容文艺作品婉转动人，富有感染力。

huí guāng fǎn zhào
回光返照
比喻事物在行将灭亡之时出现的暂时的表面的兴旺景象。

成语园

回

huí xīn zhuǎn yì
回心转意
改变原来的态度和想法。

huí tóu shì àn
回头是岸
比喻人做了坏事，只要改邪归正，就能找到出路。

miào shǒu huí chūn
妙手回春
比喻医生技术高明，能把垂死的病人挽救过来。

qǐ sǐ huí shēng
起死回生
把要死的人治活。形容医术高明。引申指行将死亡的人复活。也比喻挽救了本来没有希望好转的事情。

“浪子回头金不换”出自《世说新语》，故事的主人公是周处。

周处年少时横行乡里，当地老百姓把他和河中的蛟龙、山上的白额虎一起称作“三害”。在乡亲们的劝说下，周处杀死猛虎后，又下河去斩杀蛟龙。蛟龙在水里一会儿浮到水面，一会儿沉到水底，周处与蛟龙一起浮沉了几十里远。三天三夜过去了，当地的百姓们都以为周处已经死了，就欢呼庆贺“三害”都被除掉了。周处杀死蛟龙上岸听说后，才知道自己伤害了老百姓，因此有了悔改之意。在西晋名士陆云的劝说下，周处最终改邪归正，成为一代名臣。

九十九

上下相合的盖子

huì/kuài

基本汉字中的第 99 个字

甲骨文

金文

篆书

隶书

楷书

会是一个象形字，读作 huì，繁体写作會。甲骨文、金文像把盖子盖在装粮食的器皿上，本义是储存谷物的粮仓，现在这个意义已经不再使用了。常用来表示聚合在一起、聚汇，如会合、会集。“道路阻且长，会面安可知”（汉·佚名《行行重行行》），“隐隐何甸甸，俱会大道口”（汉·佚名《孔雀东南飞》），以上诗句中的“会”都当聚汇讲。

会也是把许多知识或者情况会集在一起加以研究融会贯通，从中可以引申出理解、领悟之意，如体会、领会、心领神会、会心一笑。“草色山光残照里，无人会得凭阑意”（宋·柳永《蝶恋花》），其中的“会得”当领悟到讲。

由聚合这个意思可以引申出把各种款项聚合起来进行统计，合计，这个意思读作 kuài，如会计（管理和计算财务的工作或管理和计算财务的人）。

望 岳

［唐］ 杜甫

岱（dài）宗夫如何？齐鲁青未了。
造化钟神秀，阴阳割昏晓。
荡胸生层云，决眦（zì）入归鸟。
会当凌绝顶，一览众山小。

博士喵赏古诗

【译文】五岳之首究竟是怎样的呢？齐鲁两地的青翠山色漫无边际没完没了。大自然把神奇无比的景致汇聚在此，北阴南阳区分昏暗与拂晓。叠出层生的云气使人心胸荡漾，圆睁双眼视线跟随着归巢的飞鸟。一定要爬上那雄伟的峰顶，才能领略泰山之高、四面群山的渺小。

说一说加拼音成语的意思。

zhēng xiān kǒng hòu ❶ hòu huì yǒu qī ❷

争先恐后→后会有期→期颐之年→

nián fù lì qiáng ❸

年富力强→强人所难→难以置信→

xìn kǒu kāi hé ❹

信口开河→河不出图→图身忘国→

guó tài mín ān ❺ ān shēn lì mìng ❻

国泰民安→安身立命→命中注定→

wēi yán sǒng tīng ❼ tīng qí zì rán ❽

定倾扶危→危言耸听→听其自然

❶ 争着向前，唯恐落后。

❷ 以后还有相聚的日子。

❸ 指人正在盛年，精力充沛。

❹ 毫无事实根据，随便乱说一气。

❺ 国家太平，人民安乐。形容社会安定。

❻ 指生活有着落，精神有寄托。

❼ 故意说些吓人的话，使听的人吃惊。

❽ 听任人或事物自由发展，不加干涉。

“单刀赴会”讲的是关羽的故事。公元215年，刘备攻取益州后拒绝把荆州还给孙权，于是孙权派吕蒙率军攻取长沙、零陵、桂阳三郡。刘备随即赶到公安（今湖北省公安县），派关羽争夺三郡。孙权也进驻陆口，派鲁肃屯兵益阳，以便抵挡关羽的进攻。双方剑拔弩（nǔ）张，孙、刘联盟面临破裂。鲁肃为了维护孙、刘联盟，不给曹操可乘之机，邀请关羽当面商谈，提出双方各自把兵马安置在百步以外，只有将军可以带刀赴会。这就是著名的“关羽单刀赴会”。

单刀赴会泛指一个人或仅带少数人去参加有危险的约会。

一百

燃烧发出的光焰

huǒ

火

基本汉字中的第 100 个字

甲骨文　金文　篆书　隶书　楷书

火读作 huǒ。甲骨文像燃烧的火苗的形状，本义指火光、火焰，如火力、火光冲天、水火不容。“忽然长逝，火灭烟消”（魏晋·傅玄《四言杂诗》），说的是火和烟一下子消失了，一点痕迹都没有留下来。

泛指能够燃烧发光的东西，如渔火、灯火。“余与四人拥火以入”（宋·王安石《游褒禅山记》），“野火烧不尽，春风吹又生”（唐·白居易《赋得古原草送别》），“月落乌啼霜满天，江枫渔火对愁眠”（唐·张继《枫桥夜泊》），“千锤万凿出深山，烈火焚烧若等闲”（明·于谦《石灰吟》），以上诗句中的“火”都当能够燃烧发光的东西讲。

石灰吟

［明］于谦

千锤万凿出深山，烈火焚烧若等闲。
粉骨碎身浑不怕，要留清白在人间。

【作者】于谦，字廷益，钱塘（今浙江杭州）人，明代政治家、文学家。其诗风刚健清新，内容多反映现实生活，或者忧国忧民，或者表现自己的坚贞情操。语言明白如话，不事雕琢。

【译文】石灰经过千万次锤打才从深山被开采出来，被烈火焚烧也不过是平常的事。粉骨碎身全都不怕，要把一身清白留在人间。

【鉴赏】这是一首咏物诗。诗人用石灰比喻自己，借歌颂石灰表达了自己甘愿为国尽忠、不怕牺牲的决心，以及不畏任何困难、坚守信念的高尚情操。

前两句描写石灰的开采和烧制过程非常艰难。从深山里经过成千上万次的锤打和开凿才能把石灰石开采出来，开采出来的石头要经过烈火焚烧，才能成为石灰。同石灰的开采过程一样，一个刚强的非凡人物的成长也要经受各种痛苦的磨炼。石灰的开采过程隐含着诗人自身的经历。

后两句颂扬石灰的品格。诗人采用拟人手法来写石灰，即使是粉骨碎身都毫不惧怕，只要在人间留下清清白白的自己。石灰的这种自我牺牲精神，是一种为了节操和理想可以牺牲一切的大无畏精神，是诗人的人格理想和宏伟抱负的体现。

博士喵赏古诗

枪炮弹药能够发出火焰、火光，所以，火也可以代指枪炮弹药，如火药、军火、火力点。

从枪炮弹药中可以引申比喻战争、战斗，如开火、停火。“烽火连三月，家书抵万金”（唐·杜甫《春望》），诗人说的是，战争持续很久了，家人音讯全无，一封家信就抵得上一万金。充分表达了战争年月，诗人对家人的牵挂和对和平的祈盼。

火还可以引申出火灾，如火情，趁火打劫，城门失火、殃及池鱼。“轩凡四遭火，得不焚，殆有神护者”（明·归有光《项脊轩志》），“轩凡四遭火”就是说项脊轩前后四次遭受火灾。

因为火光、火焰是红色的，所以火可以用来形容红色的事物，如火腿、火烈鸟、火眼金睛。进而引申指像火一样紧急，如火速、十万火急。

成语园

火

huǒ mào sān zhàng
火冒三丈
形容十分生气。

huǒ shāo méi mao
火烧眉毛
比喻形势极其急迫。

huǒ yǎn jīn jīng
火眼金睛
指人眼光敏锐。

rè huǒ cháo tiān
热火朝天
比喻气氛热烈，情绪高涨。

shān fēng diǎn huǒ
煽风点火
比喻煽动、唆使别人去做坏事。

shuǐ huǒ wú qíng
水火无情
水灾、火灾乃自然之势，无情感可言。

shuǐ shēn huǒ rè
水深火热
比喻生活极端痛苦。

zhàn huǒ fēn fēi
战火纷飞
战火烧到许多地方。形容战斗十分激烈。

yǐn huǒ shāo shēn
引火烧身
比喻自讨苦吃或自取灭亡。

汉字乐园　与火有关的汉字

赤

甲骨文的上部是个大（）字，下部是个火（）字，表示像火的颜色一样很鲜明。本义是红色，引申为纯真。

炎

金文由上下两把火（）组成，表示火旺。本义是火苗升腾。

烟（煙）

烟是煙的俗体，小篆写作，用火表义，用因表音。煙，金文像在屋（，宀）下生火（），“垔（）”表示读音。本义是物质燃烧时所产生的气体。

焚

甲骨文上部是树林或草（ 、 ），下部像一把大火（ 、 ），意思是火烧草木。远古刀耕火种，焚烧山林是为了种植庄稼。本义是放火烧山木宿草。

然

中山王鼎上的"然"字左上角是肉（ ），右边为犬（ ），合在一起为肰（ rán ）字；下部为火（ ），组合一起，表示用火烤狗肉。本义是烧，后来写作"燃"。

熹

你会玩吗？

答案：甲骨文下面是火（ ）字，上面的 是"喜（ ）"的省写，表示读音。本义是烤（肉）。

博士喵
讲故事

“抱薪救火”这个成语说的是战国的事情。

秦国连年攻打魏国，不断蚕食魏国的土地。魏国将军段干子向魏王提议把南阳割让给秦国以求和。苏代前去拜见魏王，对魏王说：“割让土地给秦国以求和，就像抱着木柴去救火，柴没烧完，火是不会灭的。”可是魏王不听苏代的劝阻，仍然坚持割地求和。果然秦国贪得无厌，仍然不满足，得到土地后继续攻打魏国。最后魏国就这样被秦国消灭了。

“抱薪救火”的意思是抱着柴草去救火。比喻解决问题的方法不对，反而使后果更严重。

一百零一

本是树名叫桤（qī）木
后属弓弩管发射

jī

机

基本汉字中的第 101 个字

篆书	隶书	楷书
机	机	机
機	機	機

机与“機”本来是不同的两个字，后来“機”简化为“机”。

机是一个形声字，读作 jī，本义指的是一种桤（qī）木树，如“北山之首，曰单狐之山，多机木”（《山海经·北山经》），意思是说：北方的第一座山叫作单狐山，上面长满了机木。机木就是外形长得像榆树的桤木树。本义现在已经不再使用了。

機是一个形声字，读作 jī，本义指古代弓弩上的发射机关，如机关、弩机。“羿执鞅持扞，操弓关机，越人争为持的”（战国·韩非《韩非子·说林下》），客观描述了后羿射箭这一事件：后羿（yì）的手指上套着扳指，手臂上戴着护套，拉满弓扣着机关，越国人争着给他举靶子。这里的“机”当机关讲，后简化为“机”。指由许多零件组成的装置和设备，如机器、计算机。

特指织布机，如“鲁人重织作，机杼鸣帘栊（lóng）”（唐·李白《五月东鲁行，答汶上君》），说的是鲁地人非常重视纺织，夜晚织布机唧唧唧唧响动的声音从家家户户的窗户中透出。

迢迢牵牛星

［汉］无名氏

迢迢牵牛星，皎皎河汉女。纤纤擢素手，札札弄**机**杼。
终日不成章，泣涕零如雨。河汉清且浅，相去复几许。
盈盈一水间，脉脉不得语。

【译文】遥远明亮的牵牛星和织女星啊！织女伸出纤纤玉手，摆弄着织布机上的梭子，札札作响。可是怎么也织不成整块布来，哭泣的泪水像雨滴一样落下。银河又清又浅，牛郎和织女相距又有多远呢。隔着清澈的银河，他们只能无言地凝望着对方。

【鉴赏】诗歌以第三人称的口吻，描写神话传说中织女思念牛郎，隔河叹息的离别之苦，表现了尘世间的女子对远去丈夫的相思之情。

诗的开头两句运用互文的修辞手法，“迢迢”“皎皎”同时修饰牵牛星和织女星。接下来四句侧重描写织女因内心悲伤而织不成布匹。“弄”字是摆弄、戏耍的意思，这里形象地描写出织女无心织布、眼泪零落的样子。最后四句诗人抒发感慨：银河虽浅，却阻隔了牛郎和织女相会。全诗多用叠词，韵律美妙；情感真挚，动人心扉，极具浪漫主义色彩。

博士喵
赏古诗

词语园

机

jī qì
机器
由零件装成、能运转、能转换能量或产生有用的功的装置。

sī jī
司机
火车、汽车等交通工具的驾驶员。

suí jī
随机 随意的，不设任何条件的。

jī chǎng
机场
飞机起飞、降落、停放的地方。

wēi jī
危机 指严重困难的关头。

jī huì
机会
适宜的时候；时机。

shǒu jī
手机 手持式移动电话机的简称。

jī ling
机灵
聪明灵活；机智。

zhuǎn jī
转机 好转的可能。

jī jǐng
机智敏捷。机警

shēng jī
生机 生命力；活力

jī mǐn
机警灵敏。机敏

chèn jī
趁机 乘机。

jī zhì
机智
脑筋灵活，能够随机应变。

shí jī
时机
具有时间性的机会（多指有利的）。

fēi jī
飞机
一种广泛用在交通运输、军事、农业等方面的航空器，由机翼、机身、发动机等构成。

“机变如神”这个故事说的是南唐宰相宋齐丘的事情。

相传宋齐丘少年时期就非常自负，认为没有人能与他相比。宋代诗人陆游在《南唐书》中称他“机变如神，可当十万”，意思是说他就像神人一样变化多端，让人难以琢磨，他一个人可以抵得上十万士兵。

后用“机变如神”形容人机智权变，神妙莫测。

一百零二

席地而坐依靠它

jī/jǐ

几

基本汉字中的第 102 个字

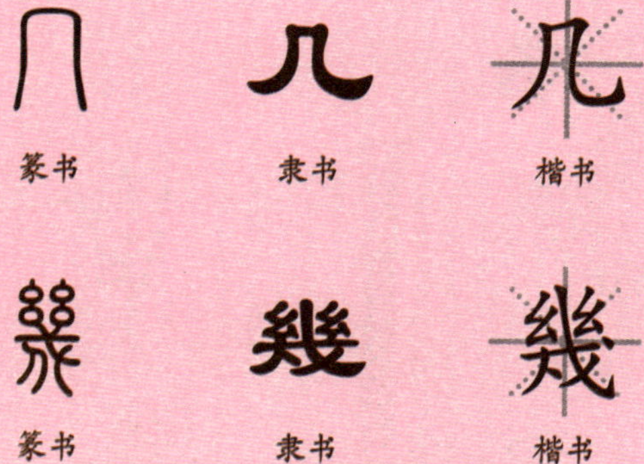

几是一个象形字，读作 jī。篆书 几 像一种低矮的器具，供人席地而坐时用来倚靠的。本义指古人席地而坐时能倚靠的器具，如凭几。“谋于长者，必操几杖以从之”（《礼记·曲礼》），说的是前往长（zhǎng）者的住处征求长者的意见时，要带着凭几和手杖。

几也可以表示不确定的数目、大概的数目，读作 jǐ，如十几年、几番风雨、几经周折。“几处早莺争暖树，谁家新燕啄春泥”（唐·白居易《钱塘湖春行》），“家家乞巧望秋月，穿尽红丝几万条”（唐·林杰《乞巧》），“几处”表示有早莺的地方不多，“几万条”表示红线非常多。

题临安邸

［宋］林升

山外青山楼外楼，西湖歌舞几时休？

暖风熏得游人醉，直把杭州作汴州。

【作者】林升，又名梦屏，浙江平阳人，生平不详，约生活在宋孝宗年间。他传世的诗歌不多，但《题临安邸》却非常有名。

【译文】青山之外还有重重青山，高楼之外还是重重高楼；西湖的欢歌曼舞几时才能停休？这和煦醉人的暖风令人沉醉其中，不能自拔，简直要把杭州误认为是汴（biàn）州。

【鉴赏】公元 1127 年，金兵攻陷北宋京城汴京，统治者逃到江南，在临安建立南宋。但是他们只想着贪图享乐，不想收复中原，这首诗就是针对当时的黑暗现实而作的。

前两句诗人描写了杭州的景物——层层叠叠的山峦和不计其数的楼阁，表现了杭州优美的景色和繁华的生活。暗示了西湖周边达官贵人之多，为下文他们的寻欢作乐做了铺垫。接着次句发出疑问：西湖游船上那日夜不停的轻歌曼舞什么时候才能停止呢？

后两句诗人直接描写了统治者的丑恶嘴脸。温暖的春风把这些人吹得昏昏欲睡；他们整天在西湖饮酒作乐，流连忘返，轻柔的歌舞使他们丧失了斗志。在他们眼里，早已经把杭州当成了被敌人占领的汴京开封了，自然不会再想着去收复故土了。这两句诗是诗人对统治者的嘲讽，暗示了南宋朝廷已经忘记了国土沦丧的国耻，表现了诗人强烈的爱国情感，其中也隐含着诗人对国家命运的担忧。

博士喵
赏古诗

说一说加拼音成语的意思。

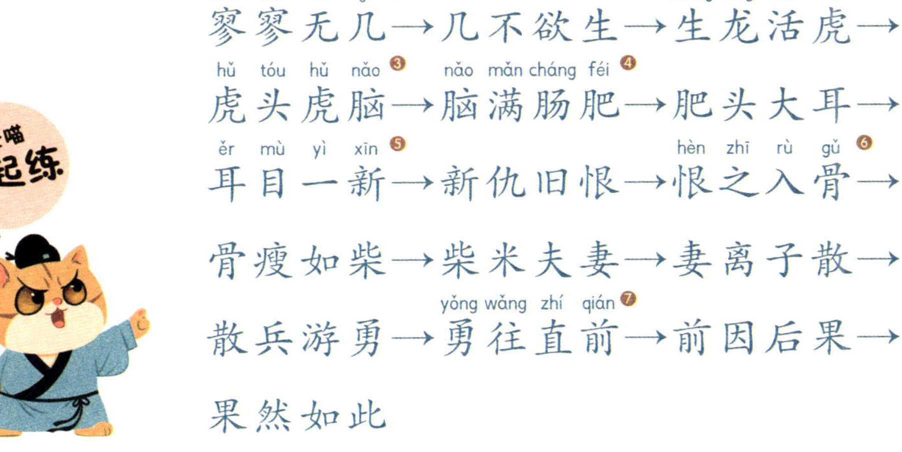

liáo liáo wú jǐ ❶
寥寥无几→几不欲生→生龙活虎→ shēng lóng huó hǔ ❷
hǔ tóu hǔ nǎo ❸
虎头虎脑→脑满肠肥→肥头大耳→ nǎo mǎn cháng féi ❹
ěr mù yì xīn ❺
耳目一新→新仇旧恨→恨之入骨→ hèn zhī rù gǔ ❻
骨瘦如柴→柴米夫妻→妻离子散→
散兵游勇→勇往直前→前因后果→ yǒng wǎng zhí qián ❼
果然如此

1. 形容非常少，没有几个。
2. 形容充满活力。
3. 形容健壮，憨厚。
4. 不劳而食的人吃得很饱，养得很胖。
5. 耳朵听到的、眼睛看到的完全是新的。形容事物给人以全新的感受。
6. 恨到骨子里去了。形容极端痛恨。
7. 勇敢地一直向前进。

儿字上封口，老是问不够；
多少又多少，茶来放上头。

谜底：几

一百零三

弯弯曲曲像丝线

jǐ

基本汉字中的第 103 个字

甲骨文 1　甲骨文 2　金文 1

金文 2　篆书　隶书　楷书

己是一个象形字，读作 jǐ。甲骨文、金文像来回弯曲交错的丝线的形状，本义是丝头，后来这个意义写作“纪”。引申指编结丝线的绳子。

因为最能约束的人是自己，所以己假借为第一人称代词，表示自己，如损人利己、身不由己、先人后己。“知己知彼，百战不殆”（《孙子·谋攻》）是一种作战策略，只有了解对方和自己的兵力布置情况，才会制定出合理的作战方法，百战百胜。“圣人不利己，忧济在元元”（唐·陈子昂《感遇三十八首》其十九），说的是圣人不是为自己活的，而是为了天下苍生、黎民百姓奋斗的。

别董大

［唐］高适

千里黄云白日曛（xūn），北风吹雁雪纷纷。

莫愁前路无知己，天下谁人不识君。

博士喵赏古诗

【译文】遮天蔽日的乌云让太阳变得昏暗，北风阵阵，雪花纷飞，大雁在风雪中向南飞去。不要担心前行的路上没有知心朋友，天下有谁不认识您呢？

成语园

己

ān fēn shǒu jǐ
安分守己
安于本分，保持名节，不做违反自己道德标准的事情。

gè shū jǐ jiàn
各抒己见
各自发表自己的见解。

shēn bù yóu jǐ
身不由己
身体不听从自己的支配。指行动不能由自己做主。

kè jǐ fèng gōng
克己奉公
约束自己，一心为公。

zhī jǐ zhī bǐ
知己知彼
对自己和对方的情况都很了解。

shè jǐ wèi rén
舍己为人
放弃个人利益去帮助别人。

yán yú lǜ jǐ
严于律己
严格地约束自己。

sǔn rén lì jǐ
损人利己
损害他人而有利于自己。

tuī jǐ jí rén
推己及人
根据自己的心情去推想别人的心情。指设身处地体察别人，替别人着想。

“己所不欲，勿施于人”是一个成语，出自《论语·颜渊》。

有一次，孔子的学生仲弓问孔子，如何处世才能做到“仁”？孔子说，待人接物要认真对待，“己所不欲，勿施于人”，意思是说，自己不喜欢的事不要强加给其他人。现在，这句话成了一条处理人际关系的准则。指人应当以对待自身的行为作为参照物来对待其他人。自己不愿意做的事情，不要强迫让其他人去做。

一百零四

用力张口说大话

jiā

加

基本汉字中的第104个字

甲骨文　篆书　隶书　楷书

加是一个会意字，读作 jiā，本义是说大话、说假话。这个意义现在已经不再使用了，经常使用的是引申义增加，增多，如加倍、加速、加快。“登高而招，臂非加长也，而见者远”（《荀子·劝学》），说明了假借外物的重要性，其中的“加”就当增加讲。

行行重行行

［汉乐府］无名氏

行（xíng）行重行行，与君生别离。
相去万余里，各在天一涯。
……
思君令人老，岁月忽已晚。
弃捐勿复道，努力加餐饭。

【译文】你走啊走啊老是不停地走，就这样活生生分开了你我。从此你我之间相距千万里，我在天这头你在天那头。……只因为想你使我都变老了，又是一年很快地到了年关。还有许多心里话都不说了，只愿你多保重切莫受饥寒。

博士喵
赏古诗

词语园

加

jiā fǎ
加法
把两个或者两个以上的数合起来，变成一个数的计算。

gèng jiā
更加
表示程度上又深了一层或者数量上进一步增加或减少。

zēng jiā
增加 在原有的基础上加多。

jiā gōng
加工
进一步改进原材料、半成品的尺寸、形状等使成为成品。

cān jiā
参加 加入某个组织或某种活动。

jiā bèi
泛指程度比原来深得多。加倍

jiā kuài
使速度更快。加快

fù jiā
附加 额外加上。

jiā rù
参加进去。加入

yù jiā
愈加 越发；更加。

jiā shēn
程度变得更深。加深

jiā sù
加速 加快速度。

jiā jǐn
加紧
加快速度或加大强度。

jiā zhòng
加重 增加重量或程度。

jiā yóu
加油
比喻进一步努力；加劲儿。

jiā qiáng
加强
使更坚强或更有效。

博士喵讲故事

“加油”这个词与清朝官员张锳（yīng）有关。

据说张锳在安龙城做官时，每天夜里都会派两个差役到街上巡逻。前面的一个差役提着灯笼，后面的一个差役挑着装满桐油的篓子。当他们听到琅琅的读书声时，就会前去敲门，从油篓中舀出清亮的桐油，倒进这位读书人的灯盏里，告诉他府台大人鼓励他用功读书，获取功名。

张锳的儿子张之洞每天晚上也要给自己加油。通过刻苦读书，张之洞最终成为晚清“中兴四大名臣”之一。

“加油”原指给油灯添加燃油，后比喻进一步努力。

一百零五

猪的上面是住所

基本汉字中的第 105 个字

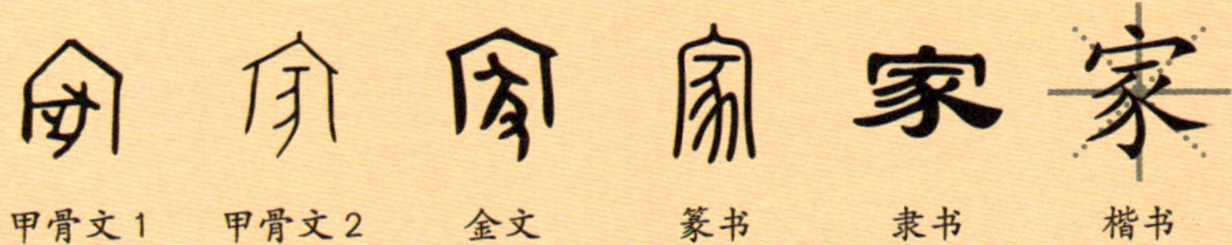

宋代爱国诗人陆游的《示儿》，表达了诗人临终前忧国忧民的爱国情怀，其中“王师北定中原日，家祭无忘告乃翁”中的家是一个会意字，读作 jiā。甲骨文 2 字形的上面是一座表示房屋的“宀（mián，房屋）”，下面是一头表示猪的“豕（豸）”，意思是人们在房子里养猪。远古时期，我们先祖的劳动能力非常差，家家户户都把野猪圈起来，养在家中。这样一来，猪就成了家的标志。本义是住所，如安家、回家、家园、无家可归。

在住所把野生的禽兽驯化以后，这些野生的禽兽就成了“家禽、家畜”。后用家指代家庭、家族，如家风家教、家属、千家万户。“少小离家老大回，乡音无改鬓毛衰”（唐·贺知章《回乡偶书二首》其一），客观地描写了诗人离开家乡与年老还乡这一事实，在客观描写中蕴藏着诗人深深的感慨。“烽火连三月，家书抵万金”（唐·杜甫《春望》），形象地说明了在战争年代，家书对一个游子来说是多么的重要和珍贵。

家可以引申为经营某种行业的人家或有某种身份的人家，如农家小院。“烟笼寒水月笼沙，夜泊秦淮近酒家”（唐·杜牧《泊秦淮》）中的“酒家”就是我们现在所说的酒店。

家也可以用作对别人的谦称，指自家的，如家兄、家父家母。“洛阳城里见秋风，欲作家书意万重。复恐匆匆说不尽，行人临发又开封。”（唐·张籍《秋思》）在古代，交通非常不便，通信也不发达，不像现在的我们，不但有QQ聊天工具，而且还有全天候在线的微信视频。古时候，家人之间、朋友之间通过写信和捎话来传递消息，有时候需要一个月，有时候需要半年，甚至更长时间。诗人想在短短的几页纸之间，把思念家人的感情全部表达出来，所以才会“意万重（chóng）”，不知从哪里动笔。想了好久，把想要写的书信写好后，又担心想说的话儿没有说完，送信人准备出发时，他又把书信打开再看一遍。

清　明

［唐］杜牧

清明时节雨纷纷，路上行人欲断魂。

借问酒家何处有？牧童遥指杏花村。

【译文】清明时节，细雨霏霏（fēi）地下着；路上的行人匆匆忙忙，一副失魂落魄的样子。我问牧童附近哪里有酒家，牧童指向那片杏花林深处的村落。

【鉴赏】这首诗描写了诗人在清明小雨中的所见所闻，表达了一种冷清、凄凉的心境。

在清明这特定的节日氛围里，一想起逝去的亲人，就使人心境不由得悲伤凄凉起来，再加上“雨纷纷”的天气，更让人触景生情，增添了重重愁绪。

孤身远行在外，又逢雨纷纷的清明节，诗人和路上行人有着共同的愁绪。为了摆脱这种愁绪，诗人便向牧童询问哪里有酒家可以消愁。诗人顺着牧童手指的方向，看到那远处的杏花村。牧童用“指”这个动作代替回答，比答话更加明确、直接，给读者留下了丰富的想象空间。

汉字乐园 与宀（古代表示房子）有关的汉字

宅

甲骨文像一座房子（，宀）的形状，用乇（）表示读音。本义是住所。

守

金文用宀（）表示与房屋有关；寸（）表示法度，组合一起，意思是在官府工作的人要遵守法度。本义是官吏的职责。

安

甲骨文像一个女子（）跪坐在一座房子（）里。意思是女子居住在房子里面。本义是平安。

宋

甲骨文外面是一座房子（宀），里面像用来支撑房屋的木头（木）。本义是**居住**，假借为**朝代名**。

官

甲骨文用宀（宀）表示与房屋有关；下面的自（自）是师（師）的古字，表示众人，两者组合一起，意思是管理众人之事的办公府邸。本义是**官府**。

宫 你会玩吗？

答案：甲骨文像一座有许多房间（吕、吕）相连或相并列的房子（宀），本义是**房屋**。

词语园

家

jiā cháng
家常 家庭日常生活。

ān jiā
安家 安置家庭。也指组成家庭；结婚（指男子）。

dāng jiā
当家 主持务务。

jiā huo
家伙 指工具或武器。

dà jiā
大家 指一定范围内所有的人。

huà jiā
画家 擅长绘画的人。

chǎng jiā
厂家 指工厂。

jiā jiào
家教 家长对子弟的教育。

guó jiā
国家 阶级统治的机构，是统治阶级对被统治阶级实行专政的暴力组织，主要由军队、警察、法庭、监狱等组成。也指一个国家所领有的整个区域。

jiā jìng
家境 家庭的经济状况。

jiā jù
家具 家庭用具，主要指床、柜、桌、椅等。

lǎo jiā
老家 在外地成立了家庭的人称故乡或在故乡的家庭。

jiā rén
家人 家里的人；一家人。

nóng jiā
农家 从事农业生产的人家。

jiā shǔ
家属 家庭内户主本人以外的成员。

rén jia
人家 指自己或某人以外的人；别人。

jiā xiāng
家乡 自己的家庭世代居住的地方。

jiā zú
家族 以血统关系为基础而形成的社会组织，包括同一血统的几辈人。

jiā tíng
家庭 以婚姻和血统关系为基础的社会单位，包括父母、子女和其他共同生活的亲属在内。

jiā yuán
家园 家中的庭园，泛指家乡或家庭。

jiā zhǎng
家长 指父母或其他监护人。

jiā yòng
家用 家庭日常使用的。

jiā wù
家务 家庭事务。

一百零六

睁大眼睛看得到

jiàn/xiàn

基本汉字中的第 106 个字

甲骨文 1　甲骨文 2　金文 1

金文 2　篆书　隶书　楷书

北朝民歌《木兰诗》成功塑造了一位代父从军、征战沙场、胜利归来、热爱家乡的女英雄形象。其中“昨夜见军帖，可汗大点兵”中的**见**是一个会意字，读作 jiàn。甲骨文 1 是一个面朝左跪坐的人，人的上面是一只大大的眼睛，突出表现人在睁大眼睛看的这一个动作。金文的下部是一个半站半立的“人”，人面朝左，头部的大眼睛炯炯有神，本义是看见、看到，如见识、见义勇为、所闻所见。“儿童相见不相识，笑问客从何处来”（唐·贺知章《回乡偶书二首》其一），“空山不见人，但闻人语响”（唐·王维《鹿柴》），以上诗句中的“见”都当看见讲。

黄鹤楼送孟浩然之广陵

［唐］李白

故人西辞黄鹤楼，烟花三月下扬州。

孤帆远影碧空尽，唯**见**长江天际流。

【译文】老朋友在黄鹤楼与我辞别，在这繁花盛开的阳春三月，他乘船前往扬州。那一面孤零零的帆影消失在蓝天尽头，只看见这滔滔的长江水向天边奔流。

【鉴赏】这是一首送别诗。诗人李白和孟浩然是好朋友，孟浩然从湖北到广陵去，两位大诗人在黄鹤楼分别，因而李白作了这首诗。诗人用阳春三月的景色，用宽广的长江画面，用目送朋友的船远去的细节，表现了对友人的惜别之情。

前两句交代了送别的友人、季节、地点以及友人要去的地方。在这春光烂漫、繁花似锦的三月，友人辞别黄鹤楼要前往扬州。当时的扬州是东南地区繁华的城市之一，李白那样一个浪漫、爱好游览的人，对扬州也是非常向往的。

后两句写友人离去后诗人的孤独与对朋友的怀念。诗人目送着友人乘坐的小船越来越远，消失在水天相接之处，只见那浩荡的长江水向天边流去。“孤帆”承载着诗人对朋友的离愁；“长江天际流”则表现诗人心潮起伏，就像那一江春水滚滚东去。

这首诗言简意赅，情景交融，读后令人回味无穷。

博士喵
赏古诗

东西如果被看见就能够显现出来，这个意思读作 xiàn，如图穷匕见。“天苍苍，野茫茫，风吹草低见牛羊”（北朝民歌《敕勒歌》），描写了敕勒川辽阔空旷，牛羊肥壮的景色。后来这个意义写作“现”。

词语园

见

jiàn xí
见习
初参加工作的人为熟悉业务而进行现场实习。

chéng jiàn
成见
对人或事物所持的固定不变的看法（多指不好的）。

jiàn jiě
见解
对于事物的认识和看法。

huì jiàn
会见
跟别人相见（多用于外交场合）。

jiàn miàn
见面
彼此对面相见。

zhuàng jiàn
撞见
碰见；看见。

jiàn shi
见识
见闻；知识。

kàn jiàn
看见
看到。

jiàn xiào
见效
发生效力。

pèng jiàn
碰见
见到；遇上。

jiàn wén
见闻
指看到的和听到的事。

jiē jiàn
接见
跟来的人见面。

yù jiàn
遇见
碰见；遇到。

cháng jiàn
常见
经常可以看到。

hǎn jiàn
罕见
很少见到；难得遇见。

bài jiàn
拜见
拜会；会见（从客人方面说）。

zài jiàn
再见
客套话，用于分手时，表示希望以后再见面。

yì jiàn
意见
（对人、对事）认为不对而产生的不满意的想法。

“见利忘义”是一个成语故事。

汉高祖死后，吕后独断专权，大肆提拔重用吕氏的族人。吕后去世不久，她的两个侄子赵王吕禄、梁王吕产狼狈为奸，率领吕氏宗族阴谋发动叛乱。丞相陈平和太尉周勃得知这一消息后，准备铲平吕氏宗族的势力，可是苦于没有办法夺取吕禄手中的兵权。陈平得知郦（lì）寄和吕禄非常要好，于是他让郦寄劝告吕禄把军权交由太尉周勃掌管。事成之后让郦寄继承他父亲的爵位。郦寄非常乐意去做这件事，周勃趁机夺取了军权，消灭了吕氏家族。

在这场政变中，郦寄虽然为铲除吕氏立了大功，然而却落下卖友求荣的骂名。出卖朋友，就是见利忘义。

一百零七

长江之水流不尽

jiāng

江

基本汉字中的第 107 个字

金文　篆书　隶书　楷书

汉乐府《江南》生动地描绘了江南水乡采莲的热闹欢乐场面。其中“江南可采莲，莲叶何田田”中的江是一个形声字，读作 jiāng，本义指长江，如江汉（长江和汉水）、大江南北。“长江后浪推前浪”是一句俗语，比喻新的事物会超过旧的事物。“孤帆远影碧空尽，唯见长江天际流”（唐·李白《黄鹤楼送孟浩然之广陵》），诗人形象地描写了长江的阔达和壮美，表达了对友人孟浩然的依依惜别之情，其中的“江”指长江。

后来江的使用范围不断扩大，泛指江河，如珠江、黑龙江、翻江倒海、江河日下、浪迹江湖。“过江千尺浪，入竹万竿斜”〔唐·李峤（qiáo）《风》〕，形象地说明了风的威力之大。

江 雪

［唐］柳宗元

千山鸟飞绝，万径人踪灭。

孤舟蓑笠翁，独钓寒江雪。

【译文】许许多多山上的鸟儿都已飞走了，许许多多小路上没有了人的踪迹。江上漂着一叶小舟，一个身披蓑衣、戴着斗笠的渔翁，正顶风冒雪独自在江边垂钓。

博士喵
敲黑板

在古代，江特指中国第一大河长江。它全长6300多公里，流经西藏、四川、江西等省市，在上海市流入东海。六朝以后，才有了长江的称呼。

古人巧把这字造，
三水流向工字桥；
大河通称是什么？
想想长字便知道。

谜底：江

博士喵讲故事

“江郎才尽”是一个典故，说的是南朝文学家江淹的故事。

江淹自幼聪明好学，六岁就能作诗，十八岁已经能熟背“五经”，所作的《恨赋》《别赋》等文章被誉为千古奇文。传说，江淹从宣城郡离任的时候，晚上在冶亭休息，梦见一个叫郭璞（pú）的男子对他说：“我有一支笔放在你这里已经很久了，现在你把它还给我。”江淹一摸怀中，果然有一支五彩笔，于是他就把这支笔还给了郭璞。

从此以后，江淹再也写不出美妙的诗文来。人们就说江郎的才华已经用尽了。

一百零八

左右小腿叉起来

jiāo

基本汉字中的第 108 个字

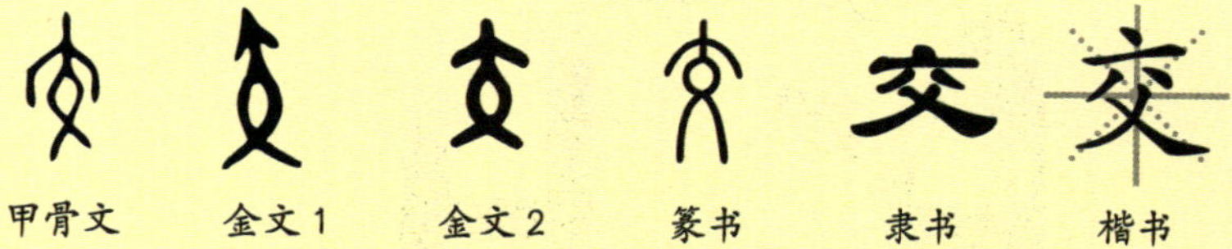

交是一个象形字，读作 jiāo。甲骨文、金文和篆书像人的两腿相互交叉的形状，本义指两腿交叉。现在本义已经不常使用了，泛指交叉、交错，方向不相同的线或者条状物相互穿过，如交界、立交桥、犬牙交错。“盘根植瀛渚，交干横倚天”（唐·李世民《咏李》），这里的“交干”指互相交叉的树干郁郁葱葱，直指蓝天。“照花前后镜，花面交相映”（唐·温庭筠《菩萨蛮》），说的是美人精心打扮后，手里拿着两面镜子，一前一后照着看，头上的红花和姣（jiāo）好的面容相互辉映，显得美人更加好看。

如果人和人交往，相互欣赏，就会形成友好的关系，如交际、交往、交朋友、交游甚广。“乘犊车从吏卒，交游士林，累官故不失州郡也”（《三国志·鲁肃传》）。形成友好的关系后，就可以把东西托付给对方，如交款、交班、交差、交工。如果人和人交往，相互敌视，就会形成不好的关系，如交手、交战。

说一说加拼音成语的意思。

jiāo tóu jiē ěr ❶ ... míng zhī gù wèn ❷
交头接耳→耳聪目明→明知故问→

dì dà wù bó ❸
问心无愧→愧悔无地→地大物博→

cháng huà duǎn shuō ❹ shuō yī bú èr ❺
博采众长→长话短说→说一不二→

dé gāo wàng zhòng ❻
二三其德→德高望重→重于泰山→

shān qīng shuǐ xiù ❼
山清水秀→秀外慧中→中流砥柱

❶ 两个人的头靠在一起，嘴挨近耳朵。指人与人挨得很近，私下议论或说些悄悄话。

❷ 明明知道，还故意发问。

❸ 博：丰富。指国家的疆土辽阔，资源丰富。

❹ 要说的话很多，一时不能说清，只用简明扼要的几句话表明主要意思。

❺ 指说到做到，守诚信。

❻ 道德高尚，声望很高。用以称颂年高而有名望的人。

❼ 形容山水明净秀丽，风景优美。

父上点与横，
八方道路通；
你来我又往，
靠它传友情。

谜底：交

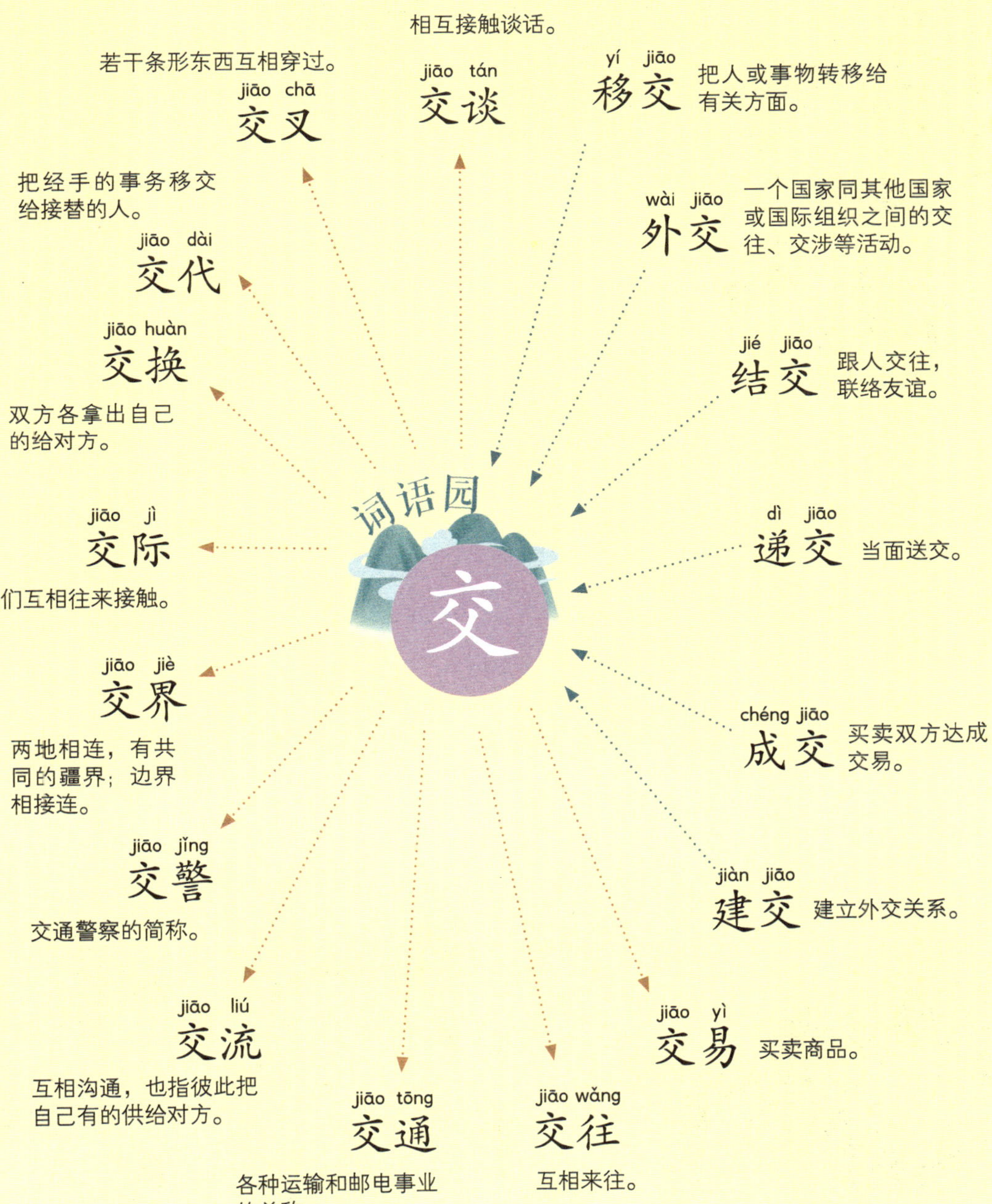
词语园
交
若干条形东西互相穿过。
jiāo chā
交叉
相互接触谈话。
jiāo tán
交谈
yí jiāo
移交
把人或事物转移给有关方面。
把经手的事务移交给接替的人。
jiāo dài
交代
wài jiāo
外交
一个国家同其他国家或国际组织之间的交往、交涉等活动。
jiāo huàn
交换
双方各拿出自己的给对方。
jié jiāo
结交
跟人交往，联络友谊。
jiāo jì
交际
人们互相往来接触。
dì jiāo
递交
当面送交。
jiāo jiè
交界
两地相连，有共同的疆界；边界相接连。
chéng jiāo
成交
买卖双方达成交易。
jiāo jǐng
交警
交通警察的简称。
jiàn jiāo
建交
建立外交关系。
jiāo liú
交流
互相沟通，也指彼此把自己有的供给对方。
jiāo yì
交易
买卖商品。
jiāo tōng
交通
各种运输和邮电事业的总称。
jiāo wǎng
交往
互相来往。

“交易”这个故事出自《宋史·张齐贤传》。

相传，北宋一位皇亲国戚去世后，按照事先的吩咐，他的财产由两个儿子平分。两个儿子都认为对方分得多，自己分得少，于是他们向皇帝赵匡胤（yìn）告御状。“清官难断家务事。”皇帝对这件事一点办法都没有，只好把它交给宰相张齐贤去办。张齐贤回到相府，立即升堂办案，让兄弟俩在各自的财产清单上签字画押，然后喝令双方交换财产清单。兄弟俩听后晕头转向，张齐贤高声喝道：“退堂！”随后，张齐贤把办案的结果上奏给皇帝，皇帝听后连声称赞道：“这笔交易办得好！办得好！”

这里的“交易”指双方交换（财产清单），后泛指买卖商品。

一百零九

张口呼喊声音大

jiào

叫

基本汉字中的第 109 个字

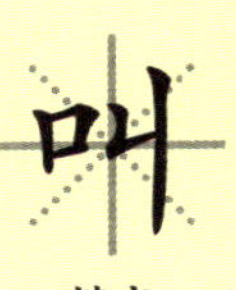

篆书　隶书　楷书

叫是一个形声字，读作 jiào，本义是大声呼喊，如呼叫、大叫、拍案叫绝。“戍卒叫，函谷举”（唐·杜牧《阿房宫赋》），说的是陈胜吴广发动起义后，函谷关很快被刘邦率领的军队攻破了。

后来泛指鸣叫、动物或者物体发出声音，如鸟叫、鸡鸣狗叫。“山禽连夜叫，兼雨未尝休”（唐·吴融《雨后闻思归乐二首》其一），意思是说，晚上山涧里禽鸟的鸣叫声夹杂着下雨的滴答声，让诗人一夜都没有休息好。

画 鸡

［唐］唐寅

头上红冠不用裁，满身雪白走将来。
平生不敢轻言语，一叫千门万户开。

博士喵赏古诗

【译文】头上的红色冠子不用裁剪，披着满身雪白的羽毛缓缓走来。平时从来不轻易开口，一旦鸣叫，千家万户的门都会打开。

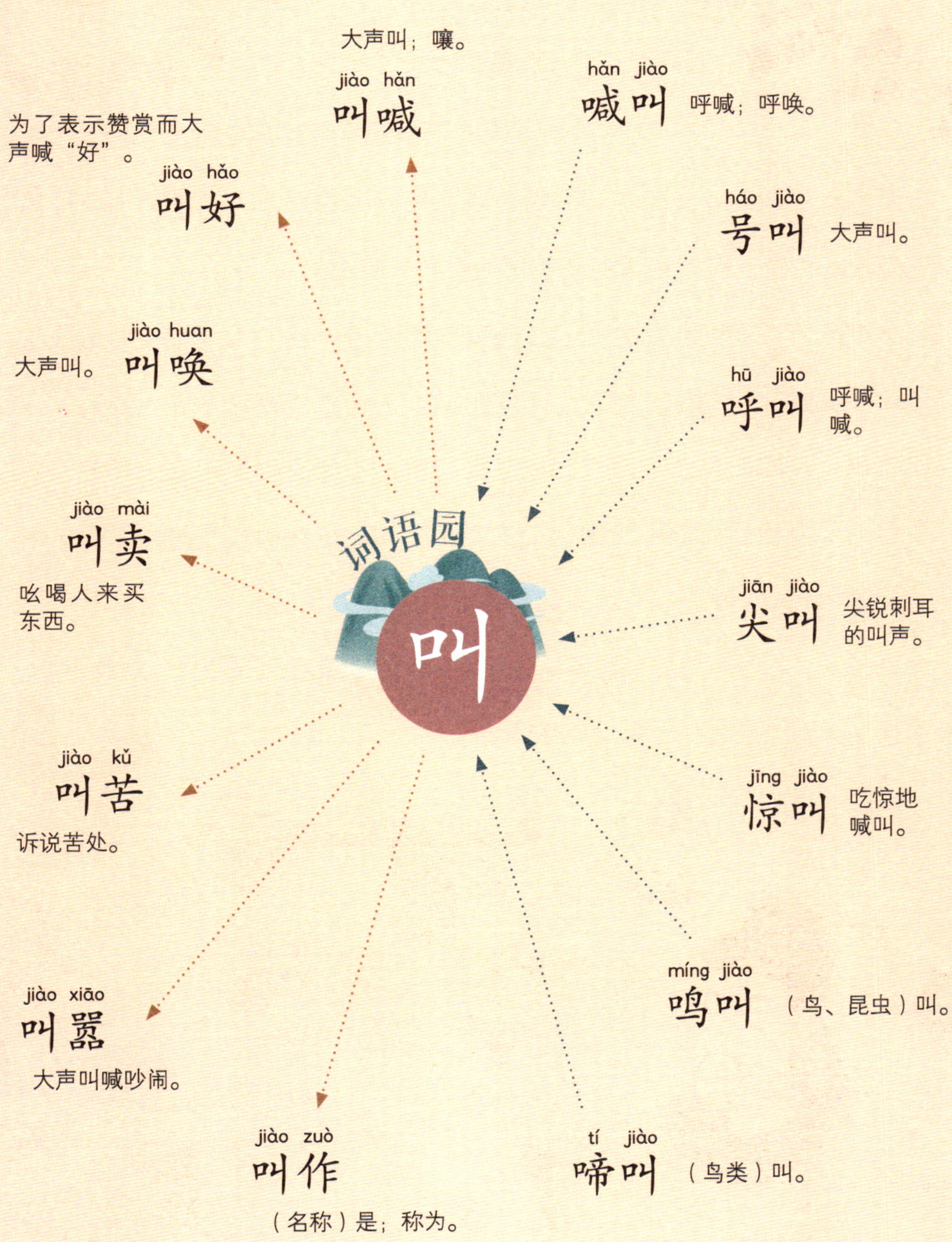
词语园
叫
大声叫；嚷。
jiào hǎn
叫喊
hǎn jiào
喊叫 呼喊；呼唤。
为了表示赞赏而大声喊“好”。
jiào hǎo
叫好
háo jiào
号叫 大声叫。
jiào huan
大声叫。叫唤
hū jiào
呼叫 呼喊；叫喊。
jiào mài
叫卖
吆喝人来买东西。
jiān jiào
尖叫 尖锐刺耳的叫声。
jiào kǔ
叫苦
诉说苦处。
jīng jiào
惊叫 吃惊地喊叫。
míng jiào
鸣叫 （鸟、昆虫）叫。
jiào xiāo
叫嚣
大声叫喊吵闹。
jiào zuò
叫作
（名称）是；称为。
tí jiào
啼叫 （鸟类）叫。

“叫嚣”这个词语与唐代文学家柳宗元有关。

唐朝时期，永州（今属湖南省）这个地方盛产一种毒蛇，人们被这种毒蛇咬伤后就会立刻死去。唐朝官府征集这种毒蛇，乡民可以用毒蛇来替代上交朝廷的税赋。

有一天，柳宗元遇见一位姓蒋的捕蛇人，他一家三代都以捕蛇为生，爷爷和父亲死于捕蛇。柳宗元不解地问他为什么还要这么做，姓蒋的人回答说：“捕蛇虽然是一个高危职业，但是却比交租纳税要强得多。”乡里其他交租的人家不是搬走就是死于交不上租税而被朝廷的衙役折磨死。那些凶狠的官员一来到乡里催租，“叫嚣乎东西，隳（huī）突乎南北”，意思是说，东西南北各处吵着、叫着、骚扰着，闹得人人不安，鸡狗不宁。柳宗元听后叹息说：“苛政猛于虎呀！”

一百一十

从妈降为妹同辈

jiě

姐

基本汉字中的第 110 个字

姐　姐　姐

篆书　隶书　楷书

姐是一个形声字，读作 jiě，一般用在方言中，是母亲另外的称呼。后来指同父母（或只同父、只同母）而比自己年纪大的女子，如姐姐、姐夫、姐弟三人。“姐妹两行携手送，一双新屐是新娘”（清·黄遵宪《日本杂事诗》其九十二），描写的是新娘出嫁的场面：姐妹手拉手排成两行送行，穿着新鞋的是新娘子。这里的“姐”指的是同父母比自己年龄大的女子。

姐用来称呼亲戚中与自己同一辈分而年龄比自己大的女子，如表姐、堂姐。也用来泛指比自己年纪大的同辈女性，如师姐，“埋怨姐姐，衔恨婆婆”（宋·无闻翁《沁园春》）。

现在泛指未婚女子，如小姐。“昨天文小姐，今日武将军”（毛泽东《临江仙·给丁玲同志》），是毛泽东对女作家丁玲的评价——能文能武。

把〇中的字填上，并说一说加拼音词的意思。

姐〇→弟兄（dì xiong ❶）→兄〇→长大（zhǎng dà ❷）→大〇→
地方（dì fang ❸）→〇法→法制（fǎ zhì ❹）→制〇→度过→
过去（guò qù ❺）→去〇→向往→往〇→日常（rì cháng ❻）→
常〇→见解（jiàn jiě ❼）→解〇→答案（dá àn ❽）→案件

❶ 弟弟和哥哥。
❷ 生长壮大。
❸ 某一区域；空间的一部分。
❹ 统治阶级按照自己的意志，通过国家政权建立起来的法律制度。
❺ 从说话人（或叙述的对象）所在地离开或经过。
❻ 属于平时的。
❼ 对于事物的认识和看法。
❽ 对问题所做的解答。

答案：弟、长、地、方、度、向、日、见、答

是女不是男，
而且有血缘；
同是一母生，
比我大一点。

谜底：姐

大姐走娘家

一个大姐十七八，

提着篮子走娘家。

篮子装着梨和瓜，

还有螃蟹和蚂虾。

走到半路下了雨，

大姐滑了个仰八叉。

滚跑了梨，摔烂了瓜。

摔死了螃蟹，跑了蚂虾。

训练目的：韵母 a，ia